궁중의장기의 부활

황제를 수호하는 자들

설경 백영자 저

전시기간 _ 2009년 12월 8일(화)~12월 14일(월)

장소 _ 서울중요무형문화재 전수회관 3층 기획전시실

주최 _ 백영자(설경디자인연구소 소장)　Tel 02. 3668-4642

후원 _ 문화재청 Cultural Heritage Administration　국립고궁박물관 NATIONAL PALACE MUSEUM OF KOREA　한국문화재보호재단 Korea Cultural Heritage Foundation　한국방송통신대학교 Korea National Open University

격려사

설경디자인연구소 소장 백영자 교수님의 기획전〈궁중의장기의 부활 – 황제를 수호하는 자들 展〉을 개최됨을 진심으로 축하드립니다.

이번의 기획전은 국립고궁박물관 소장의 어가행렬에 사용된 기치들을 찾아 분석하고, 역사문헌자료를 통해 궁중의장기의 상징성을 고찰한 내용으로 구성된 것입니다.

최근 아시아 태평양 지역의 무형 문화유산 보호 활동을 지원하는 '유네스코 아태 무형 문화유산 센터'가 우리나라에 설립되었습니다. 이로써 우리나라는 처음으로 유네스코 산하기관을 유치하게 됐고 문화 강국으로서의 우리나라 위상을 국제사회에 널리 알리는 계기를 마련하게 됐습니다. 또한 종묘제례 및 종묘제례악, 판소리, 강릉단오제 외 여러 종목이 유네스코 세계무형유산으로 등재되기도 하였습니다.

문화유산은 인류의 문화적 다양성과 창조성의 근원으로 재조명되고 있으며, 사라져가는 문화유산의 보호에 대한 국제적 관심이 점차 증가하고 있습니다. 인류의 무형유산은 국가 브랜드화 되어 국가적 사업으로 개발되고, 문화유산을 데이터베이스화하여 보존하는 방향으로 전환될 것입니다.

문화유산을 재현하는 일은 매우 힘들고 지난한 일입니다. 특히 조선시대와 같이 실증적 유물이나 문헌자료, 선행 연구가 부족할 경우에는 직접 유물을 찾아내고 정리하여 분석을 해야 하기 때문에 천착과 집요한 끈기가 요구됩니다. 조선시대 궁중문화의 복원이 바로 그러합니다. 이러한 어려움에도 불구하고 체계적인 학술적 연구에 기반을 둔 생명력 있는 전시를 마련해주신 백영자 교수님께 감사를 드리며 더 큰 발전을 기원합니다.

2009년 12월

문화재청장 이 건 무

격려사

설경 백영자 교수님의 〈궁중의장기의 부활-황제를 수호하는 자들 展〉을 개최하게 된 것을 진심으로 축하드립니다.

이번 전시회는 조선 왕족의 삶이 깃들인 어가행렬의 한 요소인 궁중의 장기를 고증 재현함으로써 우리민족의 전통미와 예술성을 일반대중에게 알려 우리 문화의 뿌리를 이해하고 자부심을 갖게 해주는 매우 뜻 깊은 전시회입니다.

설경 백영자 교수님은 한국복식의 발전을 위해 많은 노력을 해 온 훌륭한 학자로서 지난 30년 간 저희 방송대에 몸담으시면서 한국복식의 학문적 기틀을 잡아 놓으셨으며, 이 분야의 학문적 방법론과 체계화를 위하여 많은 애를 쓰신 분입니다. 이러한 백영자 교수님의 작품은 단순한 기치들을 복원한 작품이 아니라, 하나하나가 살아서 동시대와 호흡하는 살아있는 유기체입니다.

또한, 현대는 문화의 시대이며 컨텐츠의 시대입니다. 이러한 시대에 백영자 교수님의 전시회는 우리나라 문화를 더 풍부하게 함은 물론 디자인 분야에 소중한 문화 컨텐츠로 다양하게 활용될 수 있을 것으로 기대됩니다.

이번 전시회를 통하여 이 분야에 새로운 자양분이 될 것이며, 방송대 학생뿐만 아니라 이 분야에 관심을 두는 학생들에게 많은 것을 배울 수 있는 계기가 될 것이라 생각됩니다.

아무쪼록 이번 전시가 성황리에 열려 많은 분들이 함께 즐기고, 우리 전통문화의 꽃을 활짝 피우는 소중한 기회가 되기를 바랍니다. 또한, 전시회를 위하여 연구하기 힘든 작업임에도 불구하고 혼신의 노력으로 작품제작에 임해주신 백영자 교수님께 뜨거운 박수와 격려의 말씀을 드립니다.

2009년 12월

한국방송통신대학교 총장 **장 시 원**

축사

백영자 선생의 창작열은 보는 사람의 감각을 의심하게 만들 정도입니다. 지난 5월 궁중 연회무용복식 관련 전시를 개최한 기억이 생생한데, 불과 5개월 만에 또 다른 전시를 개최한다고 축사를 부탁합니다. 이 열정과 생산력은 선생의 전통문화에 대한 애정과 노력의 산물임이 분명할 터, 후학들에게 더할 나위 없는 귀감이 될 것입니다.

욕심만큼이나 뛰어난 선생의 결과물은 전통복식의 지평을 넓히면서, 후학들에게 방향을 제시해 주고 있습니다. 전통은 그 자체로서 삶과 혼, 문화로서 그 의미와 가치가 매우 크지만, 전통을 바탕으로 한 일련의 작업은 다가오는 미래의 생산적 가치의 원천으로서 매우 소중한 자원입니다. 전통이 갖는 이러한 의미를 되새기며 마련한 이번 〈궁중의장기의 부활-황제를 수호하는 자들 展〉은 전통을 원형으로 새로운 문화를 형성하고, 미래사회를 이끌어가는 핵심가치를 발견하는 하나의 계기가 되리라고 생각됩니다.

문화와 예술은 대중과 공유했을 때 그 가치가 돋보입니다. 선생의 전시회는 늘 사람들이 북적입니다. 바로 전통을 매개로 과거와 미래가 소통하는 장소이기 때문입니다. 금번 전시회도 일반인에게 우리 조상들의 삶과 숨결이 스며있는 전통의 가치와 아름다움을 재발견하고, 전통문화의 다양성과 이에 대한 자긍심을 한층 더 고취할 수 있는 기회가 될 것입니다.

끝으로 성공적인 전시회 개최를 기원하며, 연구하기 힘든 분야의 작업임에도 불구하고, 혼신의 노력으로 작품제작에 임해 주신 설경 백영자 교수의 성의와 노고에 깊이 감사드립니다.

2009년 12월

한국문화재보호재단 이사장 김 홍 렬

축사

선선한 바람이 스치는 가을을 지나 하얀 겨울 속으로 향하는 12월에 백영자 교수님의 〈궁중의장기의 부활-황제를 수호하는 자들 展〉 전시가 개최됨을 진심으로 축하드립니다.

이번 전시회는 조선 시대 궁중 의례와 전통사상이 종합적으로 투영된 궁중 의장기의 예술적 가치를 보전하기 위해 기치를 고증하여 제작함으로써 문화재적 자료로 활용도를 높인 것입니다. 조선시대 의장기는 왕과 궁중의 위엄을 갖추어 표출해주던 것으로 궁중 의장기 전시를 통해 어가행렬에 등장하는 의장기에 대한 이해를 넓혀줄 것입니다.

또한 의장기의 재현을 위한 학문적 연구는 조선시대 각종 의궤를 중심으로 진행되었을 것입니다. 의궤는 조선시대 왕실에서 행한 제사, 혼례, 잔치, 사신 접대 등 의식의 절차와 내용을 기록한 책입니다. 즉, 조선왕조 의궤는 자랑스러운 우리 민족의 문화유산이자 조선왕조의 주요 의식을 엿볼 수 있는 귀중한 유물로 지금 사라진 전통 의식들도 의궤를 통해 어느정도 재현이 가능하다고 할 것입니다.

우리나라 뿐 아니라 세계는 고유한 전통 가치를 다시금 생각하고, 재해석하면서 소중함을 느끼기 시작하고 있습니다. 이러한 시기에 좋은 전시를 마련해주신 백영자 교수님께 감사를 드리며 우리나라 전통문화 개발과 세계 각국에 흩어져 있는 의궤 반환에 발판이 되기를 기원합니다.

2009년 12월
서울특별시 시의원
서울특별시 의회 조선왕조의궤 반환 특별위원회 위원장 부 두 완

인사말

안녕하십니까

2009 년 한해를 마무리하는 12 월에 그 동안 연구된 성과를 바탕으로「황제를 수호하는 자들 - 궁중 의장기의 부활-」이라는 주제로 전시회를 개최하게 되었습니다.

이번전시는 대한제국을 포함한 조선시대 후기의 궁중의장기를 주축으로 하고 여기에 궁중복식을 첨가하여 대중과 함께 궁중 문화를 즐길 수 있도록 기획 구성하여 보았습니다.

조선시대 임금의 행차인 어가행렬은 국가적 의식입니다. 여기에 등장하는 호화로운 의장기들은 왕과 궁중의 위엄을 갖추어 표출해 주던 것으로 당시 사상과 전통이 종합적으로 투영된 상징의 집약체라고 할 수 있습니다.

이러한 궁중 의장기 및 복식은 우리민족의 숨결을 간직하고 있는 우리의 전통예술이며 세계화 할 수 있는 소중한 문화유산으로 그 보전, 전승의 가치가 대단히 크다 할 수 있습니다.

우리 문화유산의 하나인 궁중 의장기를 생동감 있게 고증 재현한 이번 전시회는 조선의 궁중 문화와 의장기에 대한 이해를 넓히고, 한국 전통문화의 계승 및 발전에 기여할 것이라고 생각됩니다.

아무쪼록 여러분의 많은 격려와 충고를 부탁드립니다. 이번 전시회를 위해 아낌없는 도움을 주신 관계자 여러분과 설경디자인 연구소 회원여러분, 그리고 한국복식을 사랑해 주시는 모든 분들께 진심으로 감사를 드립니다.

2009년 12월

문화재청 문화재위원
한국방송통신대학교 교수 **백 영 자**
설경디자인연구소 소장

제1부
궁중의장기

· 황룡기(黃龍旗)
· 청룡기(靑龍旗)
· 백호기(白虎旗)
· 현무기(玄武旗)
· 주작기(朱雀旗)
· 홍문대기(紅門大旗)
· 전전대기(前殿大旗)
· 벽봉기(碧鳳旗)
· 정해기(丁亥旗)
· 정사기(丁巳旗)
· 가귀선인기(駕龜仙人旗)
· 백학기(白鶴旗)
· 유린대기(遊麟大旗)
· 삼각기(三角旗)
· 백택기(白澤旗)
· 오색금룡기(五色金龍旗)
· 일기(日旗)
· 월기(月旗)
· 공작기(孔雀旗)
· 황웅기(黃熊旗)
· 미성기(尾星旗)

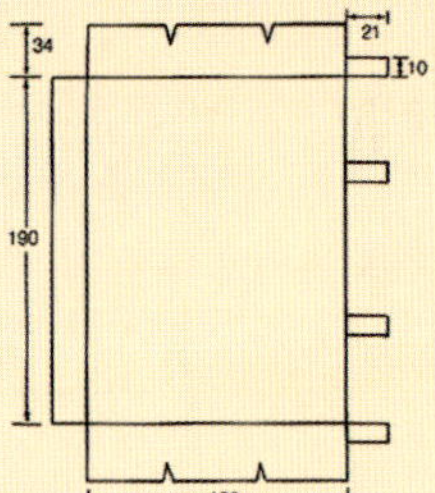

황룡기(黃龍旗)

황색바탕의 사각기로 2마리의 용과 청(靑) · 적(赤) · 황(黃) · 백(白) 4채의 운기(雲氣)를 그렸고, 가장자리에는 화염(火焰)을 상징하는 헝겊이 달렸다. 바탕색은 울금과 치자의 복합염이다.

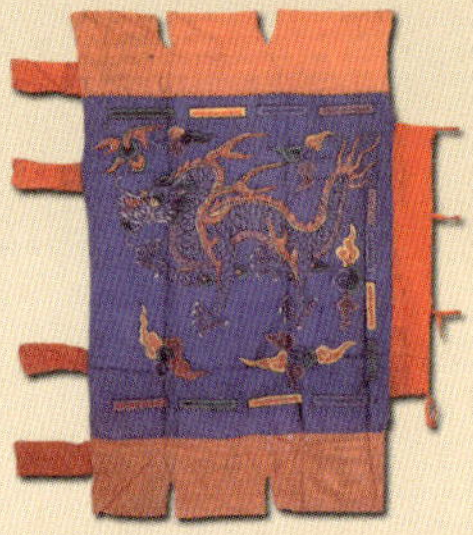

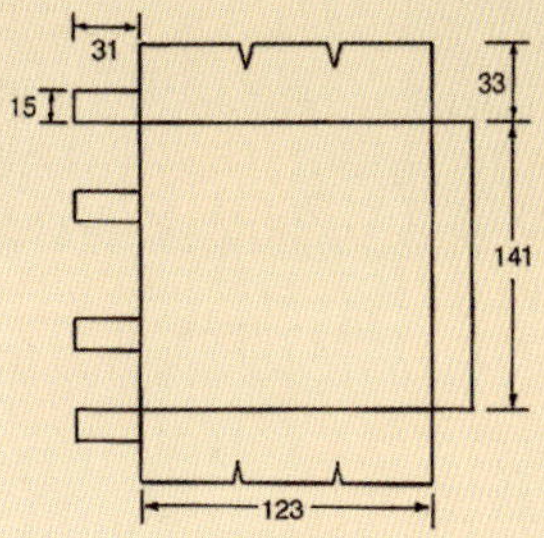

청룡기(靑龍旗)

군기인 대오방기(大五方旗)의 하나로 진영(陣營) 왼편 문에 세워서 좌군 · 좌영 혹은 좌위(左衛)를 지휘하는데 쓰였다. 푸른 바탕의 사각기로, 청룡과 청(靑) · 적(赤) · 황(黃) · 백(白)4 채의 운기(雲氣)를 그렸다.

바탕색은 쪽염, 화염각은 소목과 치자 / 홍화와 울금, 꼭두서니의 복합염이다.

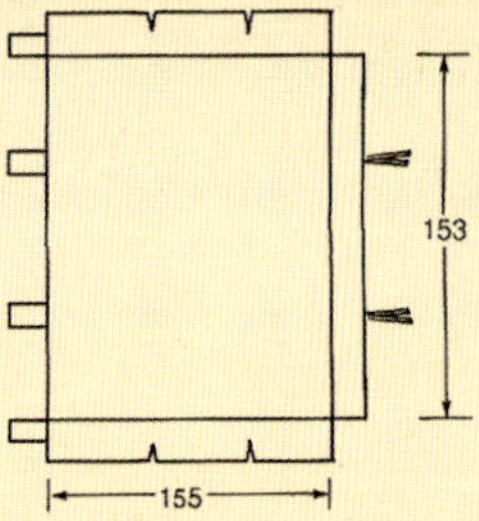

백호기(白虎旗)

대오방기(大五方旗)의 하나로 진영의 오른편 문에 세워서 우군(右軍), 혹은 좌영(左營), 우위(右衛)를 지휘하는데 쓰였다.
바탕색은 백색, 화염각은 울금과 치자의 복합염이다.

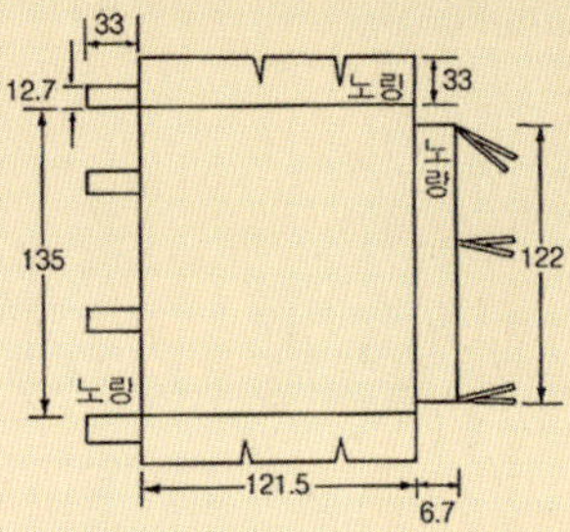

현무기(玄武旗)

군기의 일종으로 대오방기의 하나이다. 진영의 후문에 세워 후군(後軍), 후영(後營), 후위(後衛)를 지휘하는데 쓰였다. 검은 바탕의 사각기이며, 거북을 뱀이 감고 있는 모양과 4채의 운기 및 화염각이 있다. 바탕색은 쪽과 소목, 치자이고, 화염각은 울금과 치자의 복합염이다.

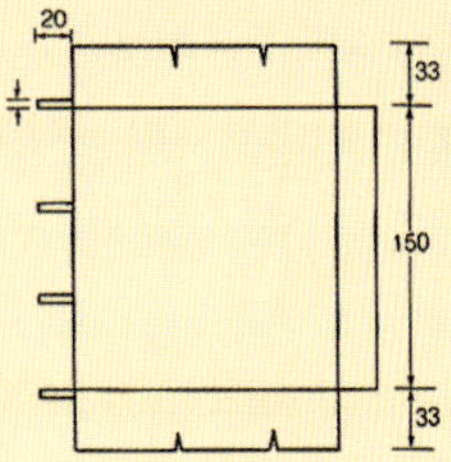

주작기(朱雀旗)

군기의 일종으로 진영의 전문에 세워 전군(前軍), 전영(前營) 또는 전위(前衛)를 지키는 것이다. 붉은 바탕에 삼두(三頭)의 주작과 4채의 운기가 그려져 있다. 바탕색과 화염각은 홍화와 울금, 꼭두서니의 복합염이다.

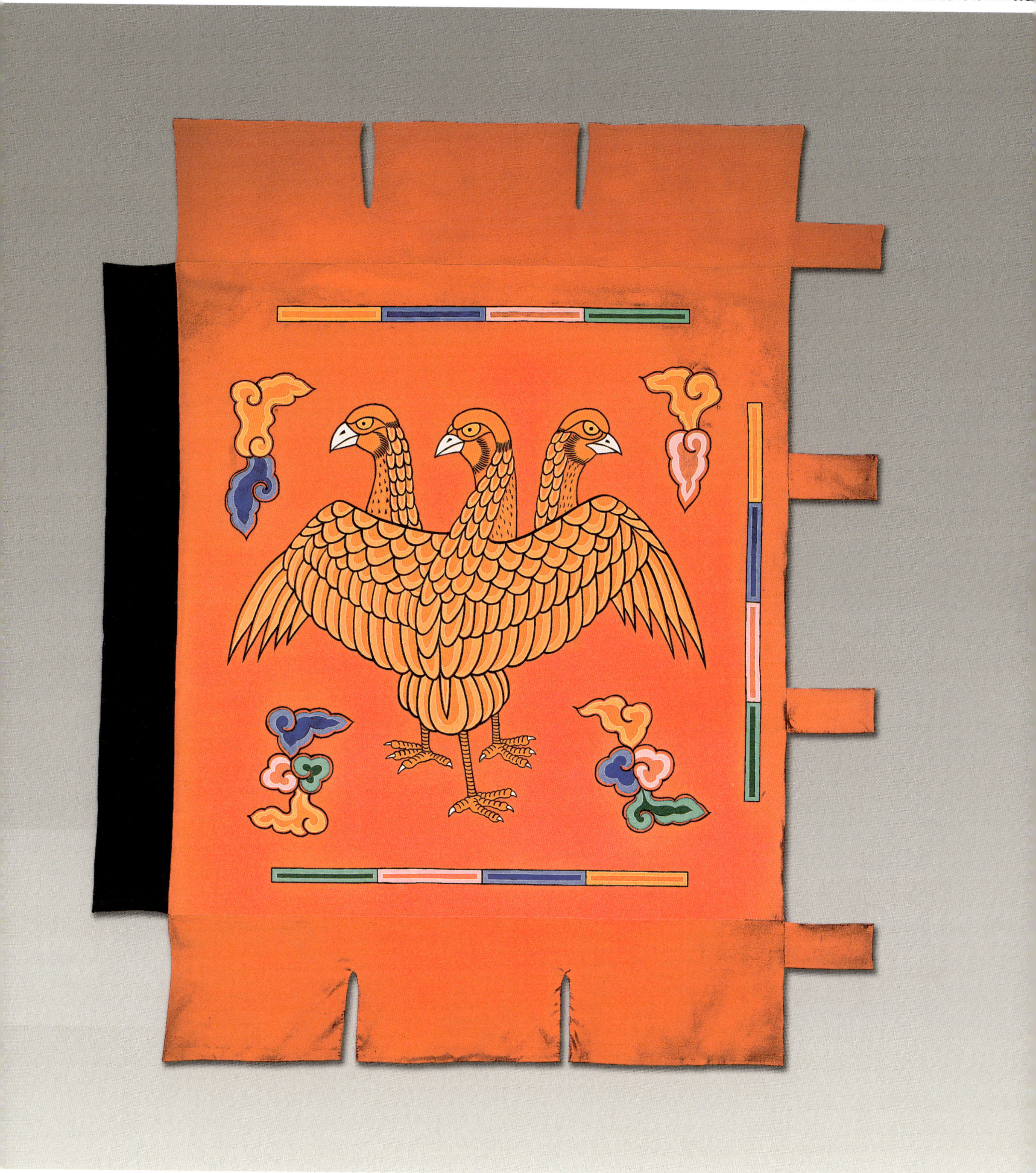

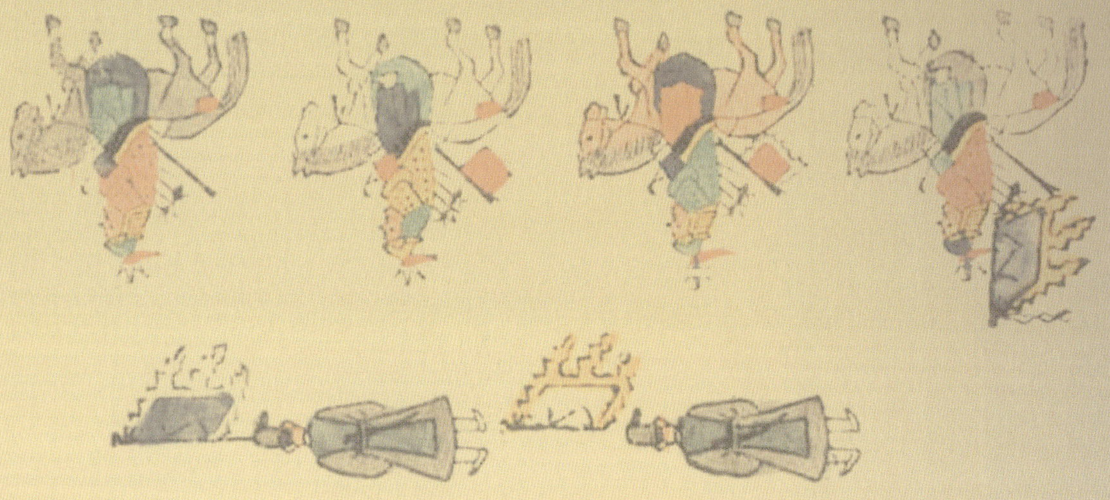

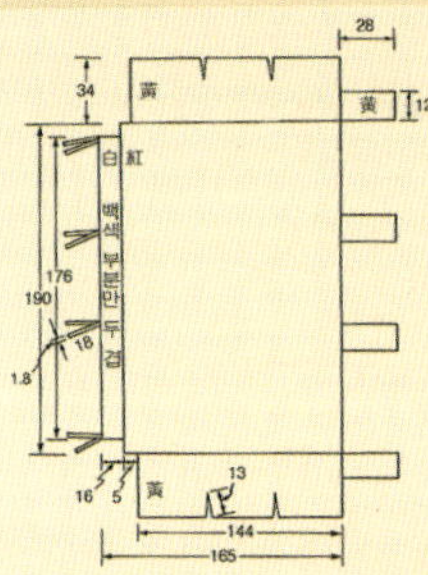

홍문대기(紅門大旗)

의장기의 하나로 적색바탕에 청룡과 4색의 운기가 그려져 있고, 대가 또는 법가노부 때에 쓰였다.

바탕색은 홍화, 울금, 꼭두서니이고, 화염각은 울금과 치자의 복합염이다.

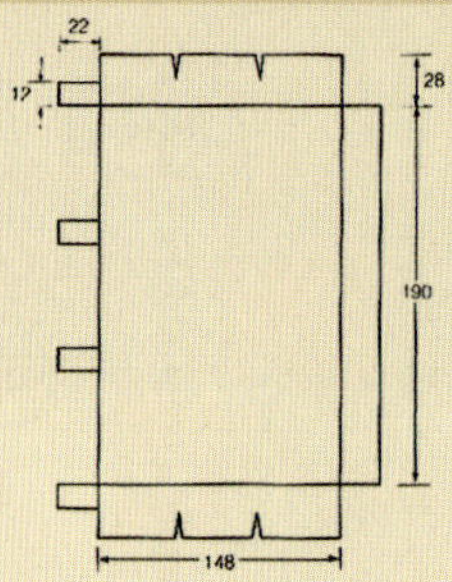

전전대기(前殿大旗)

의장기의 하나로 흑색 바탕의 사각기이다. 청룡과 4채의 운기가 그려져 있고, 적색의 화염각이 달렸다. 대가노부ㆍ 법가노부ㆍ 어장(御葬) 등에 쓰였다. 바탕색은 쪽과 소목, 치자이고, 화염각은 홍화와 울금, 꼭두서니의 복합염이다.

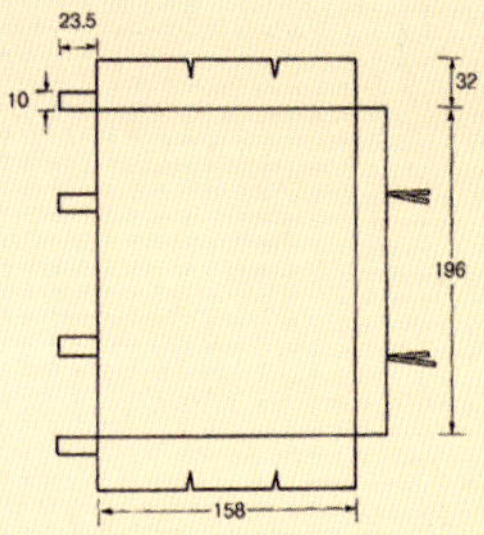

벽봉기(碧鳳旗)

의장기의 하나로 황색 바탕에 벽봉과 4채의 운기가 그려져 있다. 노란색 화염각과 기각이 달렸으며, 대가노부 · 법가노부 · 소가노부 등에 쓰였다. 바탕색과 화염각은 울금으로 염색하였다.

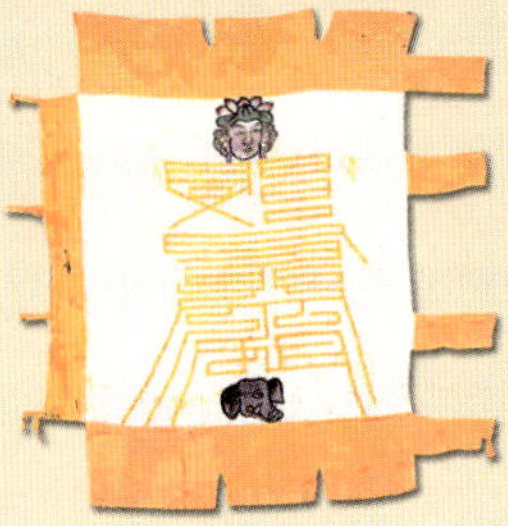

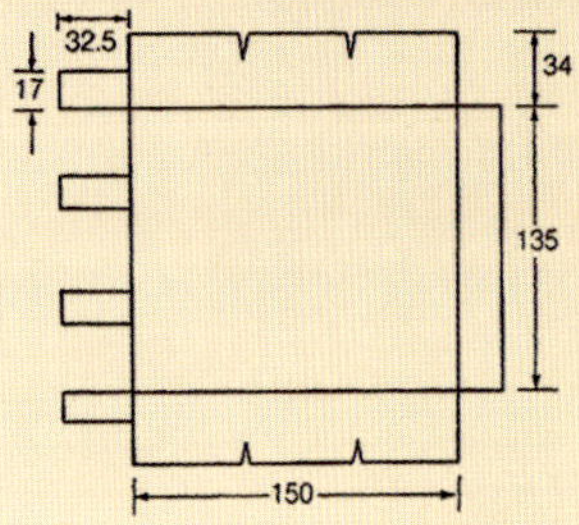

정해기(丁亥旗)

의장기로 사용한 육정기 중의 하나로, 깃발의 위쪽에는 신형문(神形紋), 아래쪽에는 해문(해(亥紋), 중앙에는 부적문을 그려 넣었다. 대가노부와 어장에 사용되었다. 바탕색은 백색, 화염각은 울금과 치자의 복합염이다.

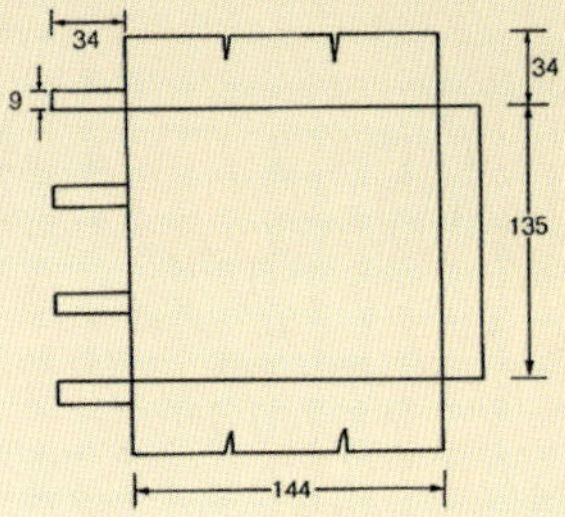

정사기(丁巳旗)

의장기로 사용한 육정기 중 하나로, 깃발의 위쪽에는 신형문(神形紋), 아래쪽에는 사문(巳紋), 중앙에는 부적문을 그려 넣었다.
대가노부와 어장 등에 쓰였다.
바탕색은 쪽염이고, 화염각은 울금과 치자의 복합염이다.

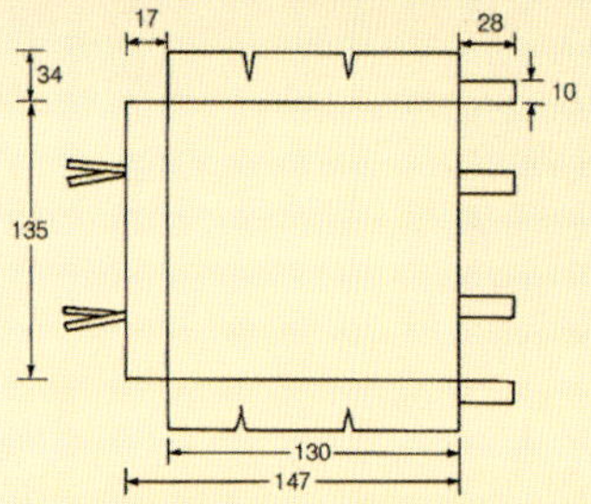

가귀선인기(駕龜仙人旗)

의장기의 하나로, 흰 바탕의 깃발에는 도관(道冠)을 쓰고 노란 저고리와 빨간 치마를 입은 신선이 거북을 타고 있는 모습이 그려져 있다.

바탕색은 백색, 화염각은 울금과 치자의 복합염이다.

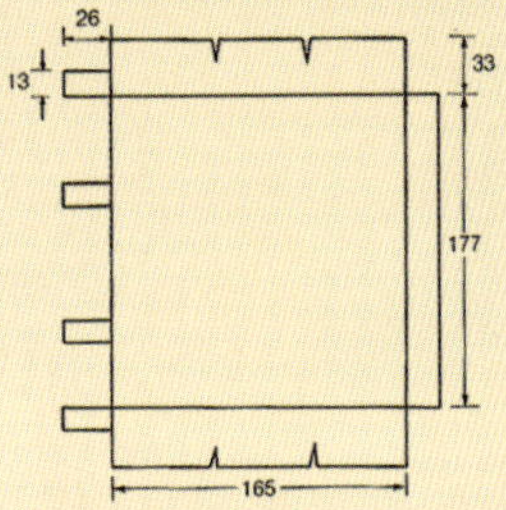

백학기(白鶴旗)

의장기의 하나로 백학과 4채의 운기가 그려져 있고, 대가노부·법가노부·소가노부·어장 등에 쓰였다.

바탕색은 백색, 화염각은 울금과 치자의 복합염이다.

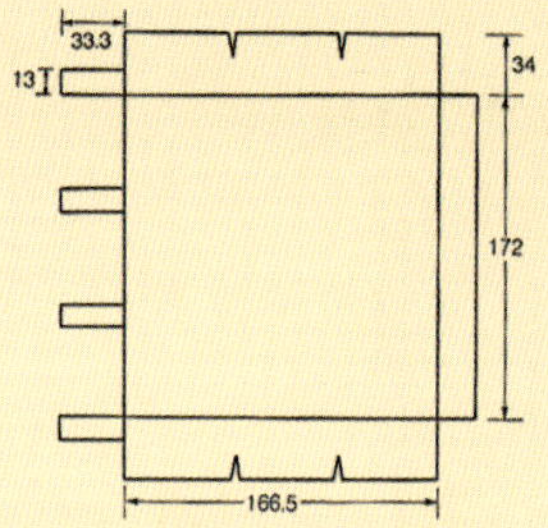

유린대기(遊麟大旗)

의장기의 하나로 머리부분이 청룡과 같고 몸체가 청마와 같은 기린의 형상이 그려져 있다. 운문과 화염각 및 기각은 적색이고, 깃대 쪽은 흑색 단이 달렸다. 바탕색은 백색, 화염각은 홍화와 울금, 꼭두서니이고, 깃대부분은 쪽과 소목, 치자의 복합염이다.

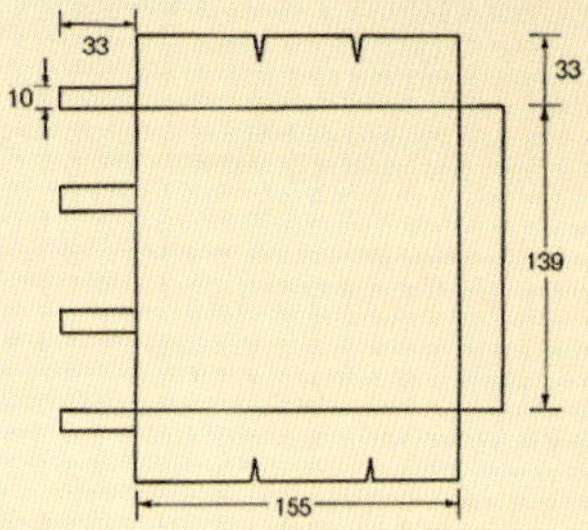

삼각기(三角旗)

의장기의 하나로, 세 뿔이 달린 마문(馬紋)과 4채의 운기가 그려져 있으며, 화염각과 기각은 노란색이다.
대가노부 · 법가노부 · 소가노부 · 어장에 쓰였다.
바탕색은 백색, 화염각은 울금과 치자의 복합염이다.

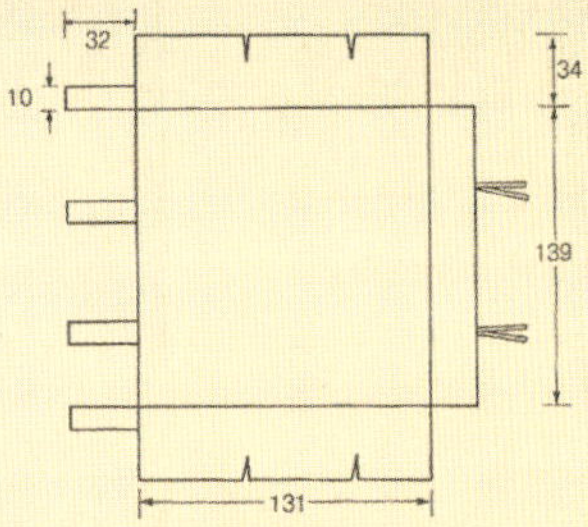

백택기(白澤旗)

의장기의 하나로, 신수(神獸)로서 만물의 모든 뜻을 알아낸다고 하는 상서로운 짐승인 백택과 4채의 운기가 그려져 있다. 대가노부、법가노부、중궁노부、어장 등에 쓰였다.
바탕색은 백색, 화염각은 울금과 치자의 복합염이다.

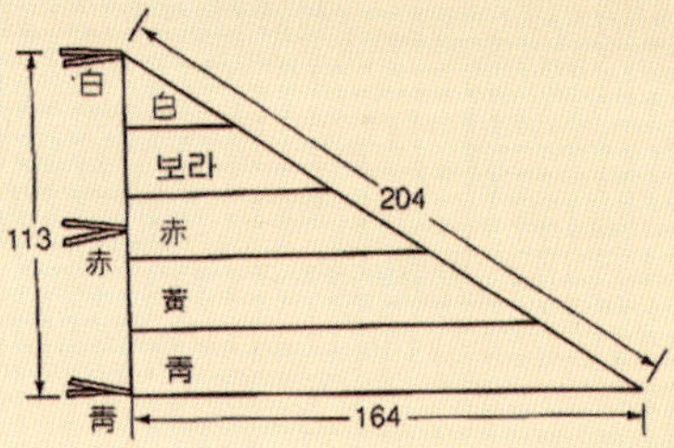

오색금룡기(五色金龍旗)

대한제국 의장기의 하나로 5색의 삼각기이며, 깃발에는 금색으로 용문, 운문, 모란문이 그려졌다.

자색은 쪽과 홍화, 소목의 복합염, 적색은 홍화, 울금, 꼭두서니의 복합염, 황색은 치자와 울금의 복합염이고, 청색은 쪽염이다.

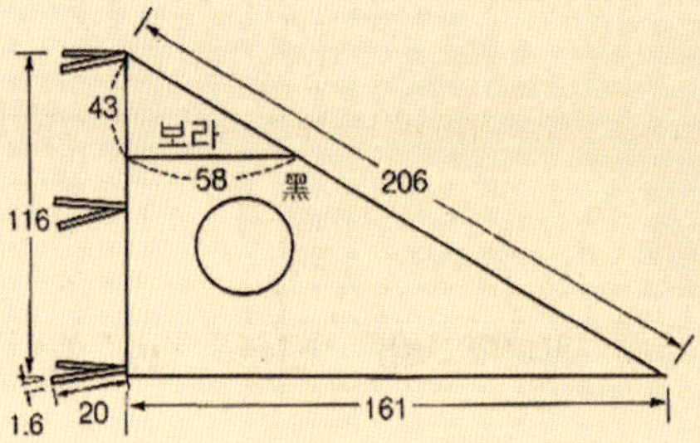

일기(日旗)

대한제국 의장기의 하나로 삼각기이며, 깃발에는 일문(日紋) 속에 까마귀 문양이 금색으로 그려졌다. 바탕의 자색은 쪽과 홍화, 소목의 복합염이고, 바탕색은 쪽과 소목, 치자의 복합염이다.

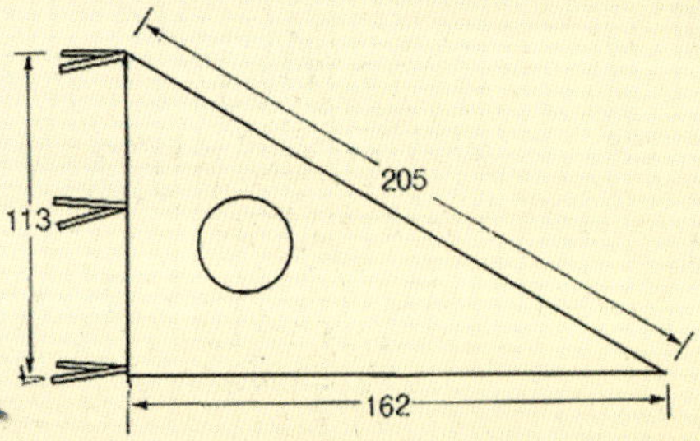

월기(月旗)

대한제국 의장기의 하나로 청색 삼각기이며, 황색 월문(月紋) 속에 백색의 토끼문이 있다. 바탕색은 쪽염이다.

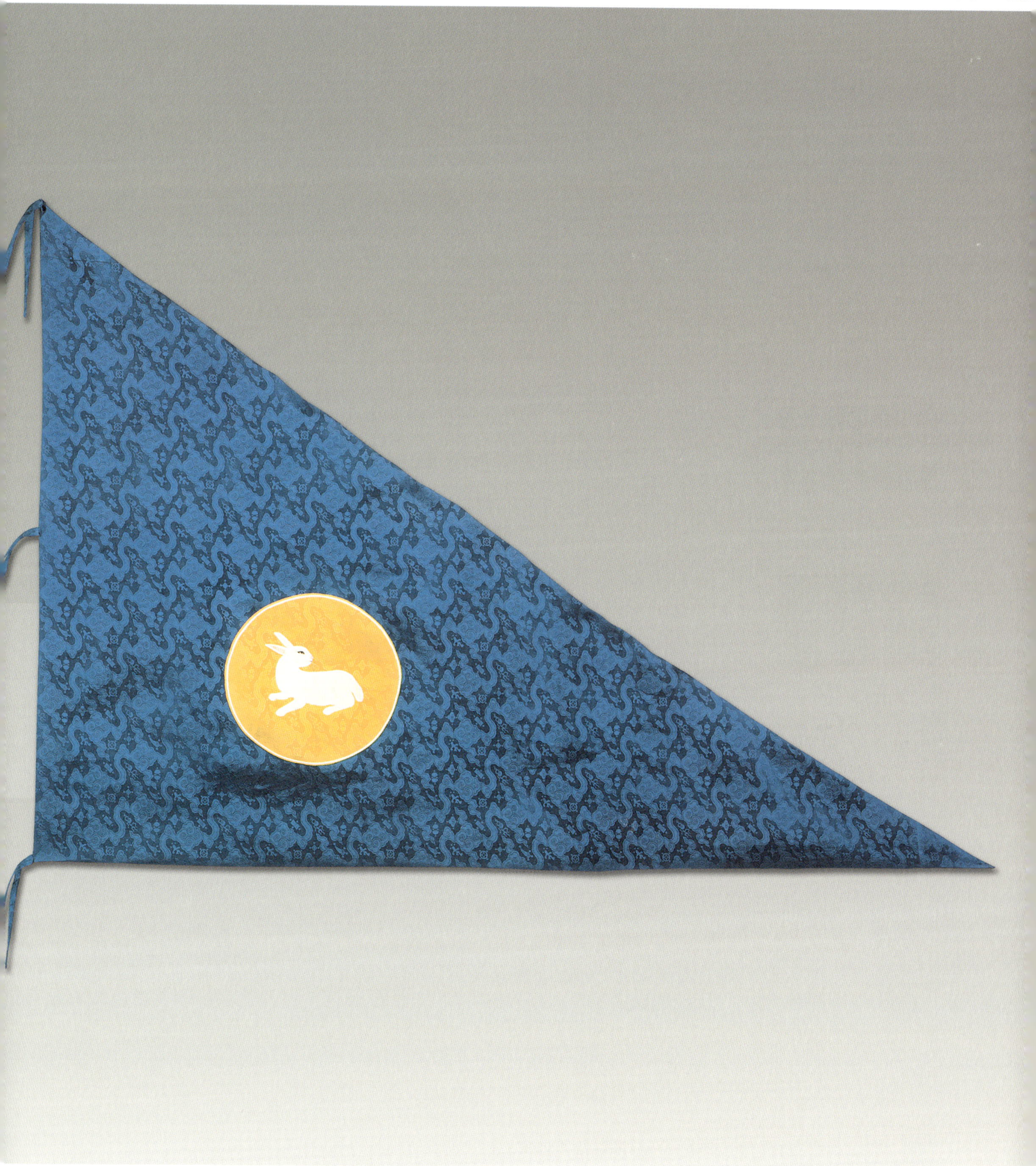

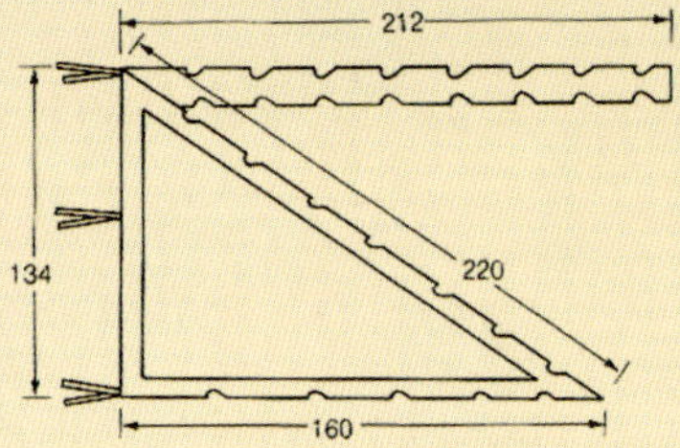

공작기(孔雀旗)

대한제국 의장기의 하나로 청색 삼각기이며, 공작문과 운문이 그려져 있고, 적색의 화염각과 드림이 달려 있다.
바탕색은 쪽염, 화염각은 홍화와 울금, 꼭두서니의 복합염이다.

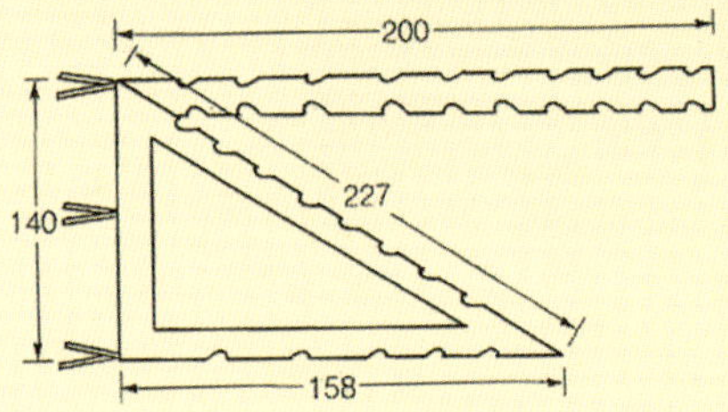

황웅기(黃熊旗)

대한제국 의장기의 하나로 깃발에 웅문(熊紋)이 있는 황색의 삼각기로 화염각과 드림이 달려 있다. 바탕색은 울금과 치자이고, 화염각은 홍화와 울금, 꼭두서니의 복합염이다.

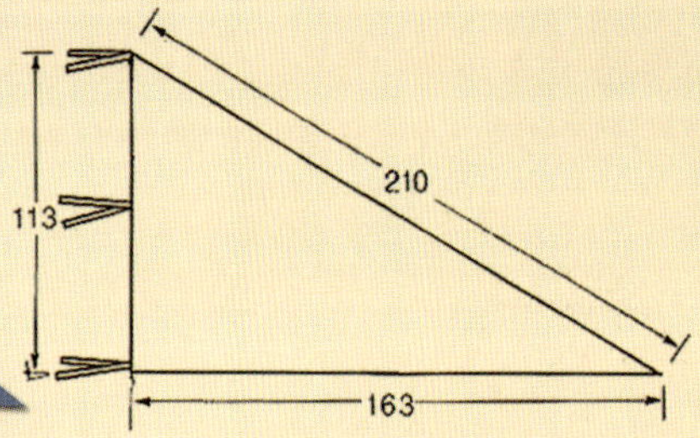

미성기(尾星旗)

대한제국 의장기로 28수(宿) 중 6번째 별인 미성(尾星)을 상징하는 청색 삼각기로 대가의 뒤를 따랐다.

바탕색은 쪽염이다.

제2부

궁중복식

대한제국 황실 복식

· 황제의 12장복

· 황후의 12등적의

조선 왕실 복식

· 왕의 홍룡포

· 왕비의 홍원삼

궁중 남자 복식

- 금관조복
- 구군복
- 홍철릭

궁중 여자 복식

· 왕비의 법복–대홍적의

· 황후의 황원삼

· 후궁의 자적원삼

· 공주의 녹원삼

· 상궁의 녹원삼

"어가행렬 의례란 무엇인가" *

백 영 자 (한국방송통신대학교 교수)

Ⅰ. 들어가면서

모든 국가적 의례를 행하는 왕조시대 의식에는 반드시 역동적이고 생생한 현장감을 주는 어가행렬[鹵簿]이 있게 마련이다.

어가행렬[鹵簿]은 그것이 대가(大駕)인 경우 동원되는 인물의 수효가 수천 명에 달하는데, 왕을 비롯하여 문무백관, 호화로운 기치(旗幟)와 의물(儀物)을 든 각종 의장병, 고취악대(鼓吹樂隊), 호위병들로 구성되어 있어 왕조시대 최대의 장관을 이룬다.

Ⅱ. 어가행렬 용어의 정의

어가행렬(御街行列)을 옛 문헌에서 찾아보면 노부(鹵簿)라고 표기되어 있다. 이러한 노부의 말뜻에 대해서는 매우 다양하게 설명되고 있는데, 그 내용을 살펴보면 다음과 같다.

- 『國史大事典』: 임금이 거둥할 때의 의장(儀仗)
- 『萬機要覽』: 의장(儀仗)을 갖춘 국왕 거둥 때의 행렬
- 『中文大辭典』: 천자(天子)가 나갈 때 의장정기(儀仗旌旗)의 순서
- 『升庵外集』: 천자(天子)의 의위(儀衛)
- 『大漢和辭典』: 노부(鹵簿)는 천자의 행렬인데, 노(鹵)는 노(櫓)와 통하고 경위(警衛)에 사용하는 대순(大盾)을 이르는 것이며, 부(簿)는 행렬의 순서를 이르는 장부(帳簿)이다.
- 『通雅 1)』: 장(仗)을 노부(鹵簿)라 하는데 노(鹵)는 노(櫓; 큰 방패)이다. 위병(衛兵)이 갑순(甲楯; 병기)을 갖고서 바깥쪽에 있으면서 전도(前導)를 하게 되는데, 모두 그 부(簿; 행렬)를 인도하니 고로 노부(鹵簿)라고 하였다.

이들의 말뜻을 종합해 보면 어가행렬(鹵簿)이란 사사로운 국왕의 거둥이 아닌 '의장(儀仗)을 갖춘 국왕 거둥 때의 의식행렬'로 국가적 규모의 예를 갖춘 의식이 가장 타당한 정의라고 할 수 있다. 또한 의장(儀仗)은 '의위(儀衛)들의 병장(兵仗)'으로, 장(仗)은 칼 · 창 · 기타 의물(儀物) 등의 총칭이며, 의위(儀

* 이 연구는 1985년 수여받은 본인의 박사학위 논문 "우리나라 鹵簿儀衛에 관한 硏究"와 1994년 간행된 『조선시대 어가행렬』의 내용에서 발췌한 것으로 이 연구로 인해 세계적 축제인 88서울 올림픽과 그 이후 이루어진 어가행렬 재현의 기틀이 되었음.

1 통아(通雅) : 明나라 方以智의 책으로, 名物 · 神話 · 音韻 등을 어원에 대하여 고증한 것이며, 총 52권임.

衛)는 '의장(儀仗)을 지니고서 시위(侍衛)[2]하는 자'(『中文大辭典』 참조)이다.

Ⅲ. 어가행렬의례의 구조

의식(儀式)은 일상의 평범함에서 벗어나 비범(非凡)함을 집약시키고자 하는 의지를 지니고 있다. 그리고 이러한 의지를 실현시키기 위하여, 일상생활을 영위하는 속된 시간 및 공간과는 구별되는, 엄숙하고 성스러운 시간과 공간의 성격이 의식에 부여되고 있다. 그 의식이 국가적일 경우, 국가의 현존 위력과 통치력을 의도적으로 과시할 수 있는 최대한의 위엄이 갖추어져 있으며, 강력한 권력임을 나타내어 천하를 다스리고자 하는 의지가 잠재해 있게 마련이며, 어가행렬[鹵簿]이 바로 이러한 국가적 규모의 예(禮)를 갖춘 의식이다. 예(禮)의 기본을 정립한 조선왕조시대의 대표적인 예전(禮典)은 『국조오례의(國朝五禮儀)』이다. 여기에는 전래의 고제(古制)와 고사(古事)가 광범위하게 취합되어 국가적인 규모인 의례의 기본 원칙과 그 시행절차가 통일, 집대성되어 있다.

모든 의례는 길례(吉禮), 가례(嘉禮), 흉례(凶禮), 빈례(賓禮), 군례(軍禮) 등의 오례로 크게 나누고 있는데, 길례는 나라의 대사(大祀)·중사(中祀)·소사(小祀) 등의 제사에 관한 의례이고, 가례는 국혼(國婚)·사연(賜宴)·책봉례(册封禮)에 관한 것이며, 흉례는 국장(國葬)에 관한 의례이고, 빈례는 국가의 영송(迎送)에 관한 의례이며, 군례는 출정 및 반사(班師)에 관한 의례이다. 이들 수백 가지의 모든 의례에는 반드시 일상생활과는 구별되는 비일상적인 의식을 거행하기 위한 어가행렬이 따르도록 되어 있었다.

조선왕조의 어가행렬은 이들 수 백 가지 의식의 규모에 따라 대가노부(大駕鹵簿), 법가노부(法駕鹵簿), 소가노부(小駕鹵簿)로 나눌 수 있는데, 대가노부는 조칙(詔勅)[3]을 내릴 때와 사직(社稷)과 종묘(宗廟)에 친히 제향(祭享)할 때에 이루어졌다. 법가노부는 임금이 문소전(文昭殿)[4], 선농단(先農壇)[5]에 친히 제향하고 국학(國學)에 행차하여 석존례(釋尊禮)를 행하고 사단(射壇)에서활쏘기를 할 때나 무과(武科)의 전시(殿試)에 사단에서 활 쏘는 것을 관람할 때나 평상시의 대궐 문 밖 거둥 때에 이루어졌다.

그리고 표문(表文)에 배례(拜禮)하고, 향(香)을 전달하고, 사신에게 명령하는 노차(路次)의 의장은 세장(細長)이라 일컬었다.[6]

---

2 시위(侍衛) : 임금을 모시어 호위하는 일, 또는 그 사람.

3 조칙(詔勅): 天子의 명령.

4 문소전(文昭殿): 조선왕조의 태조 및 신의왕후의 혼전(魂殿).

5 선농단(先農壇): 神農氏와 后稷氏를 제사하던 단.

6 『世宗實錄』, 卷 132, "嘉禮序例", "鹵簿".

1. 어가행렬의 요소

『경국대전(經國大典)』에 의하면, 임금의 예행(禮行)이 있을 때 문무관(文武官)은 궐문 밖에 좌우로 나누어 섰다가, 임금의 연(輦)이 이르면 차례로 그 뒤를 따르도록 하고, 예행이 아니면 의장을 사용하지 않는다고 규정되어 있다.

그러므로 어가행렬은 의장을 갖춘 국왕의 거둥 때의 행렬을 말함이며, 요소에 따라 선택된 표지물로서의 의장과 동원된 인물들이 입고 있는 의례복으로 분석해 볼 수 있다.

국가적 규모의 의례행렬인 어가행렬에는 가능한 한도 내에서 최대의, 그리고 최상의 대상물인 의장(儀仗)이 의도적으로 선택되어 동원된다. 이 의장의 선택대상은 통치자의 권위를 최대한으로 나타내 주는 상징성을 내포하고 있어야 하며, 또한 일반대중이 느껴서 그 의미와 의지를 이해하여 서로 간에 커뮤니케이션이 이루어질 수 있는 것이어야 한다.

이러한 대상물의 선택행위는 그 국가와 일반대중의 전통적인 사회적 배경과 사상에 바탕을 두고 이루어진 결과이며, 이 대상에 대한 연구는 그 사회와 시대의 사상을 분명하게 드러내는 역할을 할 수 있을 것이다.

의장(儀仗)으로 사용된 구체적 품목은 각종의 깃발, 산(傘), 부채, 창(槍) 등 매우 다양한데, 중국의 경우에는 심지어 호랑이, 표범, 코끼리, 말 등과 같이 실제로 산 짐승을 동원하기까지 하였으며, 이들을 화려하고 장엄하게 위의(威儀)를 갖추어 정렬하여 사용하였다.

① 의장기: 의장기(儀仗旗)는 기(旗) 자체가 상징적인 표지기능을 갖고 있기 때문에 효율적으로 의장의 핵심적인 요소를 갖추고 있다. 이들 의장기는 자연물인 하늘(天), 해(日), 달(月), 산(山) 및 동물, 그리고 신인(神人) 등을 모상(模像)하였는데 사회와 시대의 변천에 따라 형태, 색, 내용의 변화를 보이면서 점차 양식화, 도식화되어 갔다.

② 의장물, 고취악기: 의장물 역시 기치(旗幟)와 마찬가지의 기능을 가진다. 따라서 직접적인 권력의 표시가 될 수 있는 도끼, 칼, 창 등의 군사적인 요소가 큰 의물(儀物)들과, 그늘을 만들거나 시원하게 해 주는 실질적인 목적 외에 상서로운 의미를 내포하는 산, 부채 등을 사용하였다. 그 밖에 청각적인 상징을 가지는 의물인 고취악기(鼓吹樂器)를 사용하여 통치자의 절대적인 위치를 부각시키려 하였다. 따라서 의장에 있어서는 이들 시각적 의물과 청각적 의물의 전통적인 의미를 파악하는 것이 중요한 것이다.

③ 의례복: 정치적이고 국가적인 의식에 사용되는 의례복 역시 한 사회의 상징적 표현이며, 그 기능은 비일상적인 성격을 가진다. 의례복의 형태 또는 색채에서 표출되는 사회적 유산으로서의 전통적인 요소를 구명하는 일이 필요하며, 문화의 과거와 미래를 잇는 연속 원리에서 그 전통적 의의와 목적을 찾아야 할 것이다.[7)8)]

2. 어가행렬의 차제

어가행렬[鹵簿]은 歷史 속에 사라진 과거의 일에 불과 하지만 생생한 現場感이 있다. 그러나 들여다보면 볼수록 복잡한 요소가 뒤섞여 한없이 길게 이어지기 때문에 총체적 접근이 어렵다. 더욱더 가중되는 것은 국가적 차원의 수백 가지 의식에 따른 수많은 행렬이 역대조선왕조를 통해 계속되었고 시대에 따른 차제의 변천으로 인한 역동성까지 감안한다면 더구나 감당할 길이 없다 그러므로 지금까지 반차도를 중심으로 복식 연구가 몇몇 연구자에 의해 진행되었지만 의식과 복식이 유리되어 유기적 관계를 갖지 못하거나, 오로지 복식만을 떼어 단편적으로 연구되어 왔다. 이는 숲을 보지 못하고 나무만 보는 것과 같다. 어가행렬[鹵簿]에 등장하는 요소인 의장기, 의장물, 복식(服飾)이라는 나무를 연구하기 위하여 어가행렬의례(鹵簿儀禮)라고 하는 숲을 이해하여야 할 것이다. 총체적인 파악 속에서 개개의 요소인 의장이나 복식이 연구될 때 비로소 정확한 시각으로 바라보는 효과를 기대할 수 있을 것이다.

그렇다면 감당할 수 없을 만큼 대단히 많은 요소가 혼합되어 있는 어가행렬[鹵簿]를 총체적으로 포용하기 위하여, 노부의례의 형식구조를 찾는다면 감당할 수 없었던 수많은 의례와 의례복식이 유기적인 관계로 연구되어질 수 있는 계기가 될 수 있다.

모든 의례행위에는 하나의 의례형식이 갖추어져 있기 때문에 어가행렬[鹵簿] 의례 역시 일정한 규칙성과 형식성을 지니고 있다고 봄이 타당하며, 이러한 어가행렬 의례의 행위를 문화인류학적인 입장에서의 의례분류법과 전통무속에서의 제의 분류법을 활용하여 다음의 3단계로 나누어 보았다.

① 준비단계 → ② 주목적 수행단계 → ③ 매듭단계

(1) 준비단계

(가) 정화(淨化)

이는 어가행렬 의례의 준비단계이다. 동가(動駕)가 있는 날은 도심 전체가 명절처럼 술렁거리고, 행렬이 지나갈 큰길에서는 길을 침범했던 가가(假家)들이 모두 철거되며, 흙을 덮고 물을 뿌려 노면을 단장한다.[9] 이는 과거의 어가행렬이 거행되기 전의 준비단계를 매우 잘 나타내 주고 있는 표현이라 하겠다. 또한 『고려실록(高麗實錄)』에 의하면, "왕후마마[憲宗妃 林氏]의 높으신 행차를 모실 절차를 의논할 때 '진천 고을 백성들은 남녀 가릴 것 없이 다 나서서 송도 서울로 통하는 길목을 황토 흙으로 깔아 단장하시오.' 하고 부노(父老)들이 영을 내리면 행여나 뒤질세

---

7 白英子, 『조선시대의 어가행렬』 (서울: 한국방송대학교출판부, 1994)

8 白英子, "조선왕조 의장기 연구", 한국의류학회지, Vol. 5,

9 孫禎睦, 『朝鮮時代 都市社會 研究』(서울: 一志社, 1982), pp.351-352.No. 1, (1981)

라 모조리 나서서 지게를 지고 삽을 들어 황토 흙을 땅에 깐다. 지존(至尊)께서 납시실 길목이니 정(淨)한 황토 흙으로 길을 먼저 단장하는 것이다."[10]라고 하였다. 또 구체적으로 두루마리 도회(圖繪)인 대한제국동가도(大韓帝國動駕圖)를 보면 행렬이 시작되는 선두에는 도로를 수선하는 서민 남녀들이 표현되어 있다. 그들은 붉은 흙인 황토를 깔고 비로 쓸며 물을 뿌리고 있다[그림 1 참조]. 이러한 광경은 민화(民話)에도 많이 등장한다.

[그림1] 도로를 수선하는 백성들

이처럼 어가행렬의 준비단계는 공식적인 왕실의 기록과 반차도(班次圖)에는 표현되지 않았으나, 위에 열거한 내용과 도회로 미루어 보건대 상당히 많은 노력과 시간이 어가행렬 의례의 정화를 위해 투입되었음을 알 수 있다.

(나) 마상재(馬上才)

대한제국동가도(大韓帝國動駕圖)의 가장 앞부분은 마상곡예(馬上曲藝)를 하는 하급군인과 말을 치달리면서 활을 쏘는 무술솜씨를 보여 주는 군관으로 이루어져 있다[그림 2 참조]. 하급군인은 청색 단배자(短背子)를 입고 홍모(紅帽)를 쓰고 문관은 구군복(具軍服)을 착용하고 있다.

[그림2] 마상재

이러한 마상재(馬上才)[11] 내지 곡예는 고구려의 안악 3호분 행렬이나 고려의 행렬에서도 있어 왔으며[12] 조선시대 어가행렬에서도 빠지지 않았던 것으로 추측된다. 이 일련의 마상재나 곡예는 어가행렬이 있기 전의 준비단계로서, 일반 백성의 관심과

---

10 金英坤, 『高麗實錄 王妃列傳』(서울: 高麗出版社, 1981), p.392.

11 마상재(馬上才): 이조 선조 이후 각 군영의 기병들이 행하던 무예로, 달리는 말 위에서 삼혈총 쏘기, 말들 좌우로 넘기, 죽은 듯이 가로눕기, 말다리 밑으로 몸 감추기, 물구나무서기, 말꼬리 쪽으로 머리 두고 세로로 눕기, 말의 몸통 좌우로 몸을 감추기, 쌍마타고 서서 총쏘기 등을 일컫는다.

12 白英子, "우리나라 鹵簿儀衛에 관한 硏究"(박사학위논문, 이화여자대학교 대학원, 1985), p.284.

주의를 끌고 지존이 납시는 것을 알리기 위한 광고효과를 냈을 것이며, 축제 분위기를 조성하기 위한 흥미유발의 행위였을 것이다.

(2) 주목적 수행단계

이는 각종 예전(例典)과 『노부식(鹵簿式)』, 의궤반차도(儀軌班次圖) 등 문헌과 도회에 구체적으로 나와 있는, 노부의 구조를 갖고 있는 부분이다. 그런데 이들은 예를 갖춘 군왕의 행차였기 때문에 조선왕조 시대에 거리에서 펼쳐지는 최대의 장관을 이루었다. 이는 각종 의장물과 기치, 호위군대 등의 의위를 갖추고 문무백관과 종친을 거느렸던 만큼 의식의 규모나 그 절차 및 요소가 매우 복잡하게 얽혀져 있다.

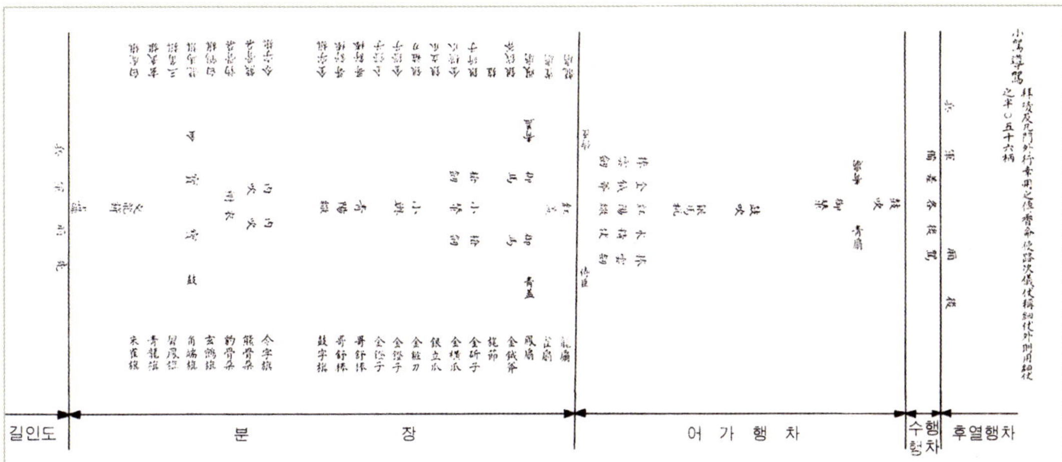

[표1] 소가노부의 형식구조

따라서 여기에서는 이 복잡한 어가행렬의 형식 구조를 파악하기 위하여 규모가 작은 단위이면서도 형식을 모두 갖추고 있는 소가노부(小駕鹵簿)를 기본 대상으로 하여 다음과 같이 다섯 부분으로 나누어 살펴보기로 한다[표 1 참조].

① 길 인도 : 지존이신 왕의 행차를 앞에서 인도하는 선상군병(先廂軍兵)과 둑, 교룡기 등의 의물로서 구성된다.

② 분장 : 어가행렬을 가장 화려하고 장엄하며 흥미있게 단장해 주는 행렬 부분이다. 수많은 각종 기치과 의장물을 들고 가는 의장병과 군악대인 내취(內吹)로 구성되어 있다.

③ 어가행차 : 가장 중핵적인 형식 부분으로서 이 의례행렬의 주인공인 왕의 행렬이다. 요소로서는 시신(侍臣)과 친시위 의물 및 고취악대(鼓吹樂隊) 등이 있다.

④ 수행행차 : 문무백관 등의 호위 배신(陪臣)들로서 가후각차비(駕後各差備)라고 통칭한다.

⑤ 후열행차 : 왕의 행차를 마무리하는 부분으로서 후상군병(後廂軍兵)이 어가의 뒤를 따른다.

(3) 매듭단계

노부를 마무리 지어 주는 내용을 설명해 주는 구체적인 자료는 별로 없다. 따라서 무엇이 '매듭관계'로 표현되는지는 매우 의문이지만 국가적인 의례행사인 어가행렬이니 만큼 반드시 의식을 마무리해 주는 의례형식이 있으리라고 생각된다. 그렇기 때문에 마무리 단계에 관한 구체적인 자료가 발견될 때까지는 일반적인 의례의 형식을 근거로 하여 있어야 할 매듭단계의 행위를 추출해 낼 도리밖에 없을 것이다.

전래의 무속의례(巫俗儀禮)와 민속 등에서 행해지는 세시의례적(歲時儀禮的)인 행사에서 매듭단계를 유추해 보면 특히 주목되는 것이 불이다.

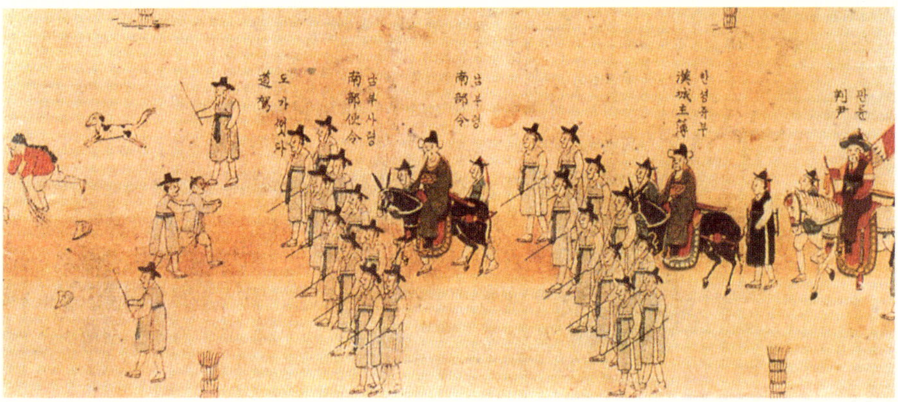

[그림 3] 볏가릿대

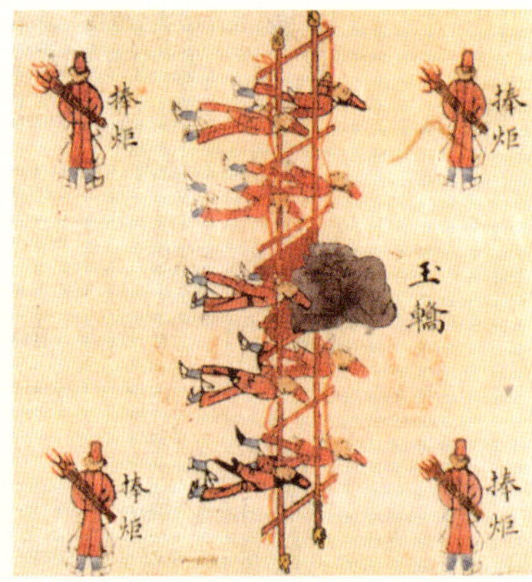

[그림 4] 봉거(철종 철인후 가례반차도)

무속의례이든 세시의례이든 간에 무엇인가 태우는 행위에 의하여 얻어지는 상징적 효과는 인간의 생존 기복에 대한 끝없는 염원이다. 따라서 어가행렬 의례의 마지막 매듭단계에서는 '불'이 중요한 의미를 갖고 등장하리라고 추정된다. 왜냐하면 민화[그림 3 참조]에 나타난 도가(導駕)를 보면 붉은 흙(黃土)을 깔고 물을 뿌리고 단장하는 길에서부터 시작하여 행렬의 요소요소에 볏가릿대를 세워 놓고 있음을 발견할 수 있기 때문이다. 이것은 앞에서 설명한 세시의례에서, 정초에 풍년을 기원하기 위하여 볏가릿대를 태우는 행위와 일맥상통한다. 또 실제로 예전류(禮典類)의 어가행렬에는 나타나지 않았지만 가례도감의궤반차도에는 횃불을 들고 가는 봉거(俸拒)가 존재하고 있음을 확인할 수 있다[그림 4 참조].

현실적으로 군왕은 살아있는 신과 같은 존재로 추앙받는다. 어리석은 백성들에게는 왕이야말로 태평성대를 구가할 수 있도록 이끌어 줄 수 있는 태양과 같은 존재이다. 따라서 지존이 납시는 어가행렬은 백성들에게 현실세계의 고통스러움을 밝혀 주는 등불과 같은 감동을 줄 것이며, 군왕을 통하여 어둠을 퇴치하고 삶에 대한 희망을 갖게 하는 신성공간을 경험하게 되는 장(場)인 것이다. 그러므로 매듭단계에서 행

할 수 있는 의례행위는 볏가릿대를 태워 등화불을 밝히는 것이라고 결론지을 수 있다.[13]

Ⅳ. 맺으면서

국가적 의식인 어가행렬에는 국가의 위력을 과시하고 천하를 다스리고자 하는 의지가 함축되어 있으며, 이를 부각시키기 위한 위정자의 염원이 의장기를 비롯한 의장물과 예복에 상징적으로 펼쳐져 있다.[14] 현대에 들어와서 왕조시대 어가행렬은 이루어지지 않고 있다. 그러나 상징적 언어로 구성되어 있는 것은, 하나의 통일체 속으로 이끌어 줄 수 있는 위대한 힘이 있다는 것을 의미한다. 그러므로 이러한 상징의 통합성을 이용하면 현대사회라 할지라도, 여러 상징의 궁극적이고 무한한 힘과 관련을 맺을 수 있을 것이다. 이들의 올바른 재현을 통해서 전통문화 재창조의 원동력으로 활용할 수 있을 것이다.

※ 참고문헌

· 『世宗實錄』, 卷 132, "嘉禮序例", "鹵簿".

· 白英子, 『조선시대의 어가행렬』 (서울: 한국방송대학교출판부, 1994)

· 白英子, "조선왕조 의장기 연구", 한국의류학회지, Vol. 5, No. 1, (1981)

· 孫禎睦, 『朝鮮時代 都市社會 研究』 (서울: 一志社, 1982)

· 金英坤, 『高麗實錄 王妃列傳』 (서울: 高麗出版社, 1981)

· 白英子, "우리나라 鹵簿儀衛에 관한 研究" (박사학위논문, 이화여자대학교 대학원, 1985)

· 白英子, "조선왕조 鹵簿(어가행렬) 儀禮에 관한 研究"-형식구조의 파악을 중심으로-, 한국의류학회지, Vol. 13, No. 2, (1989)

· 白英子, "의장기에 나타난 천상의 의미", 한국복식학회지, Vol. 5, (1981)

13 白英子, "조선왕조 鹵簿(어가행렬) 儀禮에 관한 研究"-형식구조의 파악을 중심으로-, 한국의류학회지, Vol. 13, No. 2, (1989)

14 白英子, "의장기에 나타난 천상의 의미", 한국복식학회지, Vol. 5, (1981)

설경 백영자 교수 프로필

[학력]

1964~1968 서울대학교 가정학과 졸업 (가정학사)

1969~1971 서울대학교대학원 의류직물전공 석사과정졸업 (의류직물학 석사)

1980~ 1985 이화여자대학교대학원 의류직물학과 박사과정졸업 (문학박사)

[경력]

1974. 09 ~ 1982. 02 덕성여대 의상학과 교수

1992. 05 ~ 1994. 04 한국방송통신대학교 자연과학부 학장

1998. 10 ~ 2001. 02 한국방송통신대학교 도서관 관장

2003. 03 ~ 2004. 02 캐나다 U.B.C.(University of British Columbia(Canada), Centre for Korean Research, Institute of Asian Research) 객원 교수

[현재]

1974. 09 ~ 현재 설경디자인 연구소 소장

1982. 03 ~ 현재 한국방송통신대학교 교수

2005. 04 ~ 현재 문화재청 문화재위원

[학회활동]

1976 ~ 현재 한국의류학회 편집위원 및 이사, 한국복식분과 위원장

1976 ~ 현재 한국복식학회 회원감사, 편집위원 및 이사

2004 ~ 현재 한복문화학회 부회장, 이사

[저서 및 논문]

-「조선시대 어가행렬: 1995년 문화체육부 우수도서선정」 외 **20 여권**

-「가례도감에 나타난 法服 (적의(翟衣))에 관한 연구」외 **20 여편**

[창작활동]

1974. 10 ~ 1980. 10	출토복식 및 궁중복식의 재현
1979. 05 ~ 1986. 05	미국목화아가씨(Maid of Cotton)초청 패션쇼(8회)
1980. 11	The International Fashion Group Inc. of Korea 주최 패션쇼 '채염한복' 출품
1988. 10	'88 서울올림픽 및 '88 서울장애자올림픽 개、폐회식 공연의상디자인 (디자이너 위촉 및 표창)
1988. 09	서울국제무용제 특별초청참가작품 '고리'(서울시립무용단) 의상디자인
2007. 06	"백영자 교수와 함께하는 전통복식의 재현" (주최: 한국방송통신대학교 미디어센터, OUN TV)
2008. 03. 24 ~ 30	「말하는 꽃 피어나다」전통기녀복식의 재조명 전시회(한전 아트 프라자)
2008. 10. 17	문화관광부 주최, 한스타일 한복페스티벌 참여단체
2009. 05. 27~31	「바람속의 나빌레라」궁중무용복식의 재조명 전시회(한전 아트 프라자)

[디지털 콘텐츠 개발 및 첨단매체 교육]

1980~1989	KBS 문화강좌_ 몸치레, 전통복식의 현대와의 조화, 한국의 어가행렬
1985~1998	KBS 한국복식 TV 강좌 3회 (30분씩 20강)_ 한국방송통신대학교
1989~1998	KBS 서양복식 TV 강좌 3회 (30분씩 20강)_ 한국방송통신대학교
1999. 11	KBS "역사스페셜" 영조의 가례행렬 편. 출연 및 자료제공
1996~2009	Internet Coursewear _ '한국복식문화사', '복식문화와 디자인', '서양복식문화사' CD롬 개발_ '한복구성'

설경 백영자 교수 [수상 및 표창]

1976. 09 제 14 회 동아공예대전 "우리옷" 입상 (동아일보사 주최)

1989. 04 서울올림픽대회 조직위원회(위원장 박세직)로부터 표창장(개폐회식 공연의상디자인) 수여 (1220 호)

1994. 10 「조선시대 어가행렬」한국방송통신대학교 출판부, 문화체육부 우수도서

1999. 08 교육부 원격대학 프로그램 운영 우수콘텐츠_ 한국복식

2001, 2005 한국가상캠퍼스 Best Teacher 상 2 회 수상_ 한국복식 (전국 10 개 대학 연합- 경북대, 경성대, 경희대, 광운대, 대구대, 이화여대, 전남대, 한림대, 한양대, 방송대)

2009. 04 「조선시대 어가행렬」, 한국의류학회 이홍수 저술상 수상

2009. 05 교육과학기술부장관 표창장 수상 "제 28 회 스승의 날"

설경디자인연구소 연혁

1974년 설립된 설경디자인 연구소는 이후 복식분야를 연구하는 학자와 국내 유명 디자이너 및 의류업계와의 상호교류를 통하여 산학협동체제를 강화하며 한국문화의 우수성을 널리 알리고 전통문화의 산업화를 통하여 한국문화의 정체성을 확립하고 한국복식발전을 위해 노력하고 있는 단체이다.

설경디자인연구소는 복식 및 이와 관련된 분야의 회원 상호간의 전문적 지식 및 기술과 정보교환을 목적으로 설립되었다. 현재 백영자 회장과 40여명의 이사와 100여명의 회원이 단체를 이끌어가고 있다.

설경디자인연구소 패션쇼 및 전시

1974. 10 ~ 1980. 10	한복패션쇼(7회)
1978. 11	임진란 전후기 출토복식 고증 발표(장소 : 덕성여대 문화관) 초정리 외남리 출토품, 충북대 박물관, 해인사, 대흥사, 울산, 김덕령장군사당 출토 유물 등
1999. 09	강원도 국제 관광박람회 전통의상 초대전 "조선왕조 후기 저고리" 전시 및 "옛사람들"(고구려, 통일신라 고려)고증디지털 일러스트 전시
2008. 03	『말하는 꽃 피어나다 展』 전통기녀복식의 재조명 전시회 (한전프라자 갤러리)
2008. 10	2008 한복사랑페스티벌 개막패션쇼 (주최 : 문화체육관광부)
2009. 05	『바람속의 나빌레라』 궁중무용복식의 재조명 전시회 (한전프라자 갤러리)

설경디자인연구소
SEOLKYOUNG DESIGN CENTER

110-791 서울시 종로구 동숭동 169번지 한국방송통신대학교 연구2동 207호
Tel 02. 3668-4534 | Fax 02. 3668-4188
E-mail seolkyoung@paran.com

궁중의장기의 부활

황제를 수호하는 자들

저 자_ 백영자

발행인_ 안중기

발행처_ 도서출판 경춘사
서울시 마포구 공덕 1동 117-25 경춘빌딩 101호
Tel 02.716-2502, 714-5246
Fax 02.704-0688

등록번호_ 제 10-153(1987. 11. 28)

인쇄일_ 2010년 1월 10일

발행일_ 2010년 1월 30일

정가_ **30,000원**

ISBN 978-89-5895-077-6 96590